56
556

LA HAUSSE

LA RENTE

PÉTITION AU SÉNAT

LA HAUSSE

DE

LA RENTE

PARIS

IMPRIMERIE CENTRALE DES CHEMINS DE FER

DE NAPOLÉON CHAIX ET Cᵉ,

Rue Bergère, 20, près du boulevard Montmartre,

1865

PÉTITION AU SÉNAT

25 Octobre 1865.

La France jouit depuis plusieurs années des bienfaits de la paix au dehors et de l'ordre à l'intérieur ; cependant le cours de la rente est si bas qu'il semble presque un cours de guerre ou de révolution. C'est un fait profondément regrettable, car le cours élevé des fonds publics ne donne pas seulement satisfaction à un sentiment respectable d'amour-propre national, mais il correspond encore à des intérêts nombreux, à des besoins réels.

En effet, le cours de la rente contribue à augmenter la confiance dont il semble être l'expression ; il est l'indice officiel de la prospérité du pays, et la hausse est pour le gouvernement l'applaudissement naturel du public. Le cours du 3 0/0 a une autre importance : il fixe le niveau du crédit, et dans une large proportion, il est le régulateur du loyer de l'argent. Quand ce cours est élevé, l'État peut, sans inconvénient, user de la richesse nationale, et trouver, à bas prix, les capitaux nécessaires aux besoins politiques et aux grands travaux d'amélioration intérieure : il peut emprunter, il peut créer sans malaise et sans hostilité. Enfin, par cela même que la hausse de la rente est produite par l'accumulation des capitaux de placement, lorsque le cours devient très-élevé et cesse de donner un intérêt rémunérateur, l'épargne renonce au 3 0/0, les fonds disponibles se trouvent rejetés vers le commerce et l'industrie, l'argent est condamné au travail, l'activité publique augmente et la production du pays se développe.

Tous les gouvernements ont apprécié ces avantages, tous ont cherché à s'assurer une influence sur les cours des fonds publics. Il est inutile d'examiner ce qui s'est fait dans le passé. On y verrait que, plus les gouvernements ont voulu produire, plus ils se sont trouvés entraînés à soutenir ou à élever le cours de la rente. L'Empire, qui plus que tout autre a réalisé des merveilles, a dû, comme ses devanciers, porter son attention sur les fonds publics. Il l'a fait fréquemment, et il n'est guère de grand acte politique ou financier accompli depuis quinze ans, qui n'ait été appuyé par une intervention légitime du Trésor sur le cours de la rente. Cependant le résultat de tant de soins a été nul. Le 3 0/0 n'a jamais eu que des velléités de hausse qu'une baisse plus grande a chaque fois suivies. C'est une tendance désastreuse contre laquelle il faut lutter, et si jusqu'à ce jour tant d'efforts ont été accomplis en pure perte, il importe tout d'abord d'établir que cela tient uniquement à ce que la plupart des moyens dont on s'est servi ne pouvaient pas atteindre le but important qu'on se proposait.

Ces moyens, sans parler de l'amortissement, ont été de diverses natures.

Le plus simple, le plus ordinaire, c'est l'emploi en rentes des ressources mises à la disposition du Trésor par les caisses publiques. C'est ainsi que nous avons vu à différentes reprises s'effectuer des achats de rentes pour les caisses de dépôt, d'épargne, de retraite, de dotation de l'armée. Ces achats ont souvent produit des hausses passagères, qui même n'attendaient pas toujours l'avis officiel de l'opération pour se manifester. Certes, c'est là un moyen de hausse excellent : c'est le seul de ceux qui ont été pratiqués qui parte d'un principe vrai ; malheureusement il est limité, comme les ressources qu'il emploie, et son effet accidentel est insuffisant.

Un autre procédé de hausse a été recherché dans des alliances momentanées avec les puissances financières ou les grands établissements de crédit.

On a cru à la force de la spéculation pour produire la hausse.

Cette théorie, très-acceptée, est fausse. La spéculation fait la hausse tant qu'elle achète; mais qui dit spéculation, dit achat avec esprit de revente. La spéculation ne peut donc produire que des mouvements, elle est impuissante à faire une hausse durable. De plus, la spéculation emploie toujours une certaine surprise, use d'une sorte de violence qui provoquent la lutte, parfois l'irritation. Ce sont là des éléments qui s'accordent mal avec ces sentiments de sécurité et de confiance qui font la hausse convaincue et définitive. La conversion du 4 1/2 en 3 0/0 et l'unification de la dette émanent de cette théorie de la hausse par la spéculation. Pour détruire la concurrence que les fonds publics se faisaient entre eux, pour les ramener à un type unique et les rendre plus sympathiques à la spéculation, on fit alors alliance avec les grands capitalistes et les plus puissantes maisons de crédit. On chercha par eux à ranimer la spéculation défaillante sur le 3 0/0. Les achats furent immenses, mais avant la fin même de l'opération, des ventes non moins considérables prouvaient une fois de plus que les spéculateurs, grands ou petits financiers, achètent tous avec esprit de revente prochaine. A 71 francs la rente s'arrêta, pour retourner rapidement au cours de 68 francs, d'où elle était partie. De cette grande opération, qui devait produire à jamais la hausse de la rente, il est donc resté un bénéfice pour le Trésor, l'unification de la dette a peu près obtenue, mais rien quant au cours de la rente. Après deux ans de malaise, la spéculation la moins prudente revendait à 66 francs le solde des rentes qu'elle avait achetées. Cependant, dans cette solennelle circonstance, toutes les ressources de crédit, d'énergie, de volonté, même de surprise et de lutte, avaient été employées. Et malgré tous ces efforts, malgré même ces brochures rouges qu'on envoyait partout pour décrier tous les autres placements, la spéculation a prouvé surabondamment alors son impuissance à produire la hausse.

Comme moyen de faire aussi la hausse de la rente, on a cherché à employer les mesures restrictives contre les autres valeurs de placement. Plusieurs fois nous avons vu le gouvernement traiter avec ce qu'on appelle les coulissiers de valeurs industrielles, les amadouer, les attendrir sur le sort de la rente et leur interdire la négociation d'effets nouveaux. Ou bien encore, nous avons vu le ministre fermer le marché public aux émissions nouvelles, refuser la cote à certaines valeurs, repousser, par exemple, la négociation des obligations de certains chemins espagnols, employer enfin toutes les mesures restrictives pour rejeter l'activité et les placements du public sur la rente. Mauvais moyen de concurrence, qui souvent n'a fait recueillir qu'une irritation extrême et qu'une défiance plus grande, et qui n'a abouti enfin qu'à une baisse plus forte !

Enfin, l'une des dernières ressources imaginées

pour faire la hausse, a été le droit de timbre sur les valeurs étrangères. Ce moyen, qui devait encore rejeter les capitaux sur la rente, n'a point produit ce résultat. Alléché par un revenu élevé, le public paie le timbre, et, oublieux de la rente, souscrit les valeurs étrangères. Dernièrement même, l'un des gouvernements qui font appel au crédit sur la place de Paris, a pris à sa charge tout l'impôt pour laisser à son papier tout l'attrait d'un gros intérêt.

Donc, tous les moyens employés jusqu'ici pour faire une hausse durable sur le 3 0/0 ont été sans effet. Placements limités, moyens de crédit, spéculation, restrictions, impôts, tout a été inutile ; et le 3 0/0, en face des dépenses publiques nécessaires, est toujours sans défense. Il en est résulté déjà comme un certain malaise ; bien des travaux, bien des créations utiles en ont été paralysés. On n'ose plus faire, ou bien on fait d'une manière incomplète, onéreuse, sans sécurité ; l'esprit de parti se fait alors une arme du malaise, change en effroi ce qui n'est qu'embarras, et, à chaque discussion du budget, fait retentir le cours du 3 0/0 comme le son du tocsin, en nous annonçant sérieusement la banqueroute.

De cette impuissance des moyens employés jusqu'à ce jour, faut-il conclure à une impuissance absolue ? non vraiment, et c'est là le but de la présente pétition. Mais pour arriver à trouver le procédé utile et efficace, il importe de bien spécifier quel est l'ennemi qu'il faut combattre et vaincre.

A nos yeux, la cause capitale de l'abaissement du cours du 3 0/0 est dans la concurrence incessante que fait à la rente l'émission continue de nouveaux papiers de placement. Toutes les autres causes politiques ou financières sont accidentelles ; celle-là seule est permanente ; car si les mauvais jours de la politique et du marché financier sont facilement effacés par les jours de prospérité publique, rien, dans l'organisation actuelle, ne peut faire disparaître l'influence d'une concurrence toujours active et toujours grandissante. Chaque émission nouvelle pèse de tout son poids sur les valeurs déjà créées, et comme on ne peut souscrire l'effet nouveau qu'en réalisant une partie des valeurs déjà classées dans les portefeuilles, il en résulte évidemment que le capital nouveau se constitue d'une part avec l'épargne, et de l'autre par une vente, par un prélèvement sur le titre antérieurement préféré. Le 3 0/0 est, de toutes nos valeurs, celle qui rapporte le moins. Son revenu de 4 1/2 0/0 le désigne donc plus spécialement qu'aucun autre titre à l'abandon, au moment de l'émission plus rémunératrice d'un papier nouveau; et c'est par une évaluation plutôt atténuée qu'exagérée, que nous sommes disposés à estimer que chaque émission nouvelle constitue le dixième de son capital par des ventes de rente 3 0/0.

Depuis quinze ans, il s'est émis, en ventes, chaque année, pour plus d'un milliard d'effets nouveaux. Cette année, l'émission a été de près de deux milliards, et ce mouvement correspond trop aux besoins de notre époque pour qu'il soit possible de le considérer comme approchant de sa fin.

Dans cette période si remplie, les deux grandes guerres de l'Empire ont fait émettre pour plus de deux milliards de titres nouveaux de rente. Quelque juste que soit le sentiment qui les fait considérer comme des sources de force et de gloire pour le pays, ces deux guerres n'en ont pas moins créé une concurrence aux titres de l'ancienne dette. Peut-être aussi ont-elles contribué à faire suspendre l'amortissement qui, chaque année, en diminuant la masse des titres, contribuait à relever les cours. Mais au moins là, le 3 0/0 ancien trouvait une concurrence à intérêt égal. Dans toutes les autres émissions, il en est différemment. C'est ainsi que nous avons vu, que nous voyons encore les grands emprunts des villes émis de 5 0/0 à 5 1/2 0/0, les obligations des grands chemins de fer français émises à 5 0/0 avec un amortissement obligatoire et un marché ouvert dans toutes les gares, pour leur plus prompte diffusion. Dans le même temps, l'esprit d'entreprise a formé de grandes sociétés, émettant des actions qui rapportent un minimum de 6 à 7 0/0. Puis, ces sociétés elles-mêmes ont créé de grandes affaires, et le papier nouveau émis par elles, actions ou obligations de compagnies industrielles, actions ou obligations de chemins de fer étrangers, a présenté aux rentiers l'appât d'un placement à 7 0/0. Enfin, les gouvernements étrangers sont venus chercher en France, pour leur papier, les souscripteurs qui leur faisaient défaut chez eux-mèmes, et le 3 0/0 a subi la concurrence des titres émis sur notre marché, par l'Italie, à 7 0/0 ; l'Espagne, à 8 0/0 ; la Turquie, la Tunisie, le Mexique, à 10, 11 et 12 0/0. Cette incomplète énumération suffit pour indiquer à quelle effroyable concurrence a été soumise la rente française, puisque des milliards industriels se sont créés en faisant sortir de la rente des centaines de millions, qui n'y peuvent rentrer qu'après un abaissement de niveau. N'en doit-on pas conclure que s'il est impossible de revenir sur le passé, il importe de se défendre contre les émissions inévitables de l'avenir, et ne doit-on pas aussi reconnaître que la hausse est à jamais impossible, si on ne trouve pas pour la rente le moyen de lutter contre ces deux grands fabricants de papier de concurrence : l'activité intérieure et les emprunts étrangers?

A cette cause déterminante de baisse, se joint comme corollaire une situation particulière du marché qui mérite d'être examinée, et dont il faut tenir compte. En effet, il n'est pas sans importance, dans la pratique des affaires, de se rappeler qu'à côté du public français, la plupart des grandes influences financières qui agissent en France et qui se trouvent associées dans toutes les émissions des titres industriels ou d'emprunts étrangers, sont de nationalités anti-françaises, tout au moins étrangères. Il existe spécialement à Paris toute une classe de banquiers venus d'Allemagne, d'Angleterre et d'Espagne, qui, vivant de la France, protégés par nos lois, jouissant de tous nos avantages, exempts de toutes nos charges, n'ont cependant aucune solidarité avec les intérêts français. Largement doués pour l'entente des affaires, ces banquiers étrangers réagissent puissamment sur l'opinion publique. Peu sympathiques au pays, et critiques sévères des actes du gouvernement, ils nient souvent la prospérité qu'ils exploitent, et sont cependant mêlés à toutes nos affaires productives. Ce n'est pas que, lorsqu'un bénéfice réalisable s'y trouve, on ne puisse facilement décider ces banquiers à être, pour un temps, acheteurs de rente, mais d'ordinaire leur nationalité même leur fait un point de vue différent du nôtre. Aussi, nous paraît-il désirable, sous certains rapports politiques autant que comme combinaison financière, de rallier cette puissance aux intérêts français, en la rendant d'elle-même solidaire de nos fonds publics, et en la faisant contribuer à la hausse du 3 0/0 par son activité même.

En résumé, si nous avons établi que l'obstacle permanent à la hausse de la rente se trouve dans l'émission incessante d'effets nouveaux et dans la non-solidarité des banquiers avec le 3 0/0, il est dès maintenant acquis que, pour faire disparaître cet obstacle, il faut du même coup faire cesser la concurrence et s'assurer le concours de tous les gens d'affaires.

Mais ici nous trouvons deux difficultés : l'une dans les besoins de luxe qu'a fait naître le développement même de la richesse publique, l'autre dans la constitution politique de la France.

On a souvent célébré ce qu'on appelait la vulgarisation de la rente. Après les événements de 1848, le remboursement en rente des dépôts faits aux caisses d'épargne a, en effet, vulgarisé l'usage de ce placement et en a fait connaître l'emploi aux plus petits capitalistes. Plus tard, le mode de souscription adopté pour les emprunts publics a contribué encore à développer ce résultat. Comme le pays, la rente s'est pour ainsi dire démocratisée, et elle est devenue depuis cette époque un des placements réguliers de la petite épargne. Mais, à côté de ce mouvement profitable à la hausse du 3 0/0, il s'en est produit un autre qui a paralysé tous les bons effets du premier. La rente démocratisée a été abandonnée peu à peu par l'aristocratie des capitaux. Les besoins croissants, le luxe presque obligatoire, tant il est général, la médiocrité des fortunes, ont fait trouver le revenu du 3 0/0 insuffisant. L'esprit d'entreprise s'est éveillé, et la petite et la grande aristocratie de l'argent ont déserté la rente pour chercher dans une activité, jusqu'à un certain point encore utile au pays, des ressources plus amples et des arrérages plus élevés. La rente n'a donc plus aujourd'hui que sa clientèle démocratique. Il faudrait vraiment une passion bien vive pour la démocratie pour s'en réjouir et pour ne point regretter les anciennes et grosses inscriptions qui, en se divisant, ont pesé depuis si longtemps

sur le marché du 3 0/0. En Angleterre, la rente se
trouve dans des conditions bien différentes. L'organisation aristocratique de ce pays assure aux con-
solidés un cours très-élevé et une immobilité presque
absolue. On sait, en effet, que des majorats considérables sont constitués en rentes ; que des rem-
plois nombreux doivent être également effectués
en rentes, et que ces majorats, et que ces emplois
rendent inaliénables plus de la moitié des consoli-
dés anglais. Ils font ainsi le titre rare, le cours élevé,
et donnent à la rente une sécurité et une solidité
qui la font rechercher encore, dans les moments
d'inactivité d'affaires, comme le meilleur des placements temporaires. La constitution française ne
permet pas l'usage direct de ce moyen de hausse
pour le 3 0/0, et cependant c'est ce même résultat
qu'il importe d'atteindre par une organisation ana-
logue. Non pas qu'on puisse un instant songer à
rétablir en France des majorats ou d'autres procédés
aristocratiques que, trop préoccupé d'une illusoire
égalité, l'esprit public français repousse. Mais, si la
constitution politique du pays a détruit l'aristocratie
des individus, elle a laissé se constituer une réelle
aristocratie collective, qui n'est autre que l'associa-
tion. Aujourd'hui donc, au point de vue du crédit
public, l'aristocratie existe. Elle porte comme autrefois des noms respectables, parce qu'ils signifient
tous : travail, service rendu, ou but utile. Les grandes compagnies de chemins de fer, le Crédit fon-
cier, le Crédit mobilier, la Banque de France, la

Compagnie du gaz, la Société générale, le Comptoir d'escompte, voilà quelques-uns de ces aristocrates (et cette qualification n'a dans notre pensée aucun sens malveillant), voilà, disons-nous, quelques-uns de ces aristocrates nouveaux, mais déjà activement mêlés à l'histoire financière du pays. Seulement par cela même qu'ils existent déjà, ils échappent à toute mesure nouvelle. Aussi c'est aux membres à venir de cette aristocratie, dont le nombre augmente et augmentera sans cesse, qu'on peut imposer ces réels majorats que la constitution française ne permet point, même à des sénateurs.

Dans cette aristocratie puissante et nouvelle, le 3 0/0 retrouvera une clientèle qui contribuera d'autant plus énergiquement à relever son cours qu'elle aura pour caractère spécial de n'être jamais inscrite au grand-livre qu'avec la mention : INALIÉ-NABLE. Par ce fait, la concurrence redoutable des effets nouveaux cessera ; tout le personnel des banquiers, qui est toujours ou fondateur ou associé dans toutes les grandes entreprises financières, se trouvera rallié au 3 0/0 par la majoration en rente d'une partie du capital des affaires dans lesquelles ils sont intéressés. — Sans perdre leur indépendance, ils deviendront solidaires, d'une manière effective et durable, de la prospérité et du crédit de la France.

Quant aux gouvernements étrangers, leur assimilation aux puissances financières est naturelle, et il sera juste de leur imposer, dans une certaine mesure, une majoration en rente sur le capital de leurs emprunts.

Pour atteindre ce but, il suffirait de donner la sanction légale aux quatre articles suivants :

Article premier. — Désormais, aucune société française ou étrangère ne pourra émettre ses titres sans constituer en rente 3 0/0 le dixième de son capital, actions ou obligations.

Art. 2. — Lesdites rentes seront inaliénables pendant toute la durée de la Société.

Art. 3. — Les gouvernements étrangers qui voudront émettre en France un emprunt, ne le pourront faire qu'à la condition de placer en 3 0/0 français le dixième du capital de l'emprunt émis.

Art. 4. — Les rentes ainsi achetées pour le compte des gouvernements étrangers seront immatriculées pour cinquante ans au nom desdits gouvernements, qui en toucheront les arrérages, et elles seront déposées à la Caisse des dépôts et consignations pendant ces cinquante années.

Le principe qui ressort de ces quatre articles, bien qu'il n'ait jamais été nettement transformé en mesure financière, n'est cependant pas absolument une innovation. On le trouve à l'état rudimentaire dans la constitution des Compagnies d'assurances. Il a été pour quelque chose dans la loi qui a vainement essayé d'amener les propriétaires des biens de main-morte à réaliser leurs propriétés foncières pour devenir acquéreurs de rentes. Au moment du renouvellement du privilége de la Banque de France, on retrouve encore la trace du même principe. Mais on l'a faussé complétement dans son exécution et dans ses résultats, en créant exprès pour la Banque les 100 millions de 3 0/0 qu'on lui imposait. D'ailleurs, ce n'était peut-être pas le cas de l'appliquer à une institution qui a, dans l'intérêt public, besoin d'évoluer sans cesse, et qui est obligée de surveiller deux marchés : celui des affaires et celui du numéraire. Plus récemment, on semble en avoir mieux pressenti l'importance en faisant placer par le gouvernement mexicain, comme garantie pour les souscripteurs de l'emprunt, une somme de 18 millions en rente 3 0/0.

Certes, les gouvernements étrangers ont dû déjà trop de fois apprécier les avantages du marché français, pour que cette mesure nouvelle ralentisse un moment leur empressement à faire appel à ses immenses ressources. L'Italie, qui a émis sur notre marché pour plus d'un milliard de son papier, préférera, sans doute, accepter ce léger embarras, qui lui imposera tout au plus l'obligation d'augmenter ses emprunts d'un dixième, plutôt que de renoncer à la clientèle qu'elle s'est assurée chez nous.

Ottomans, Tunisiens, Égyptiens, Espagnols, Russes, Autrichiens ou Valaques, y viendront encore chercher nos capitaux, malgré cette légère protection pour le 3 0/0 français.

Quant aux compagnies financières, avant d'appliquer cette mesure, il importe de bien examiner si elle est légitime, et si elle ne peut pas avoir pour effet de nuire à la liberté et au développement des affaires.

Sans parler de l'intérèt que l'État peut avoir à défendre son propre papier, il suffit de se rappeler comment toute affaire nouvelle se constitue, pour trouver bien naturelle cette nouvelle clause du cahier des charges de toutes les affaires. Toute nouvelle société, au moment de son organisation, a besoin d'un bon vouloir et d'une protection spéciale de la part du gouvernement. Il y a toujours, au début, si utile que soit l'affaire, un peu de faveur exceptionnelle, et le régime des grandes affaires est toujours aussi, jusqu'à un certain point, un régime d'exception. On ne doit donc pas hésiter à reconnaître la légitimité de la mesure qui nous occupe.

Il reste à établir que son influence ne peut dans aucun cas nuire à l'esprit d'entreprises et à la création des affaires utiles. On objectera sans doute que lorsqu'une société se constitue au capital, par exemple, de 120 millions, c'est qu'elle a besoin de 120 millions pour les affaires qu'elle se propose de traiter, et que, si elle doit transformer un dixième de son capital en rente inaliénable, elle ne peut plus atteindre le but pour lequel elle s'est constituée. Dans la réalité pratique, cette objection n'est que spécieuse. D'une part, en effet, si les 120 millions disponibles sont absolument nécessaires, la difficulté consiste purement à obliger la société nouvelle à une émission de 133 au lieu de 120 millions. Comme elle se constituait avec des espérances légitimes d'un produit industriel de

7 à 10 0/0 sur le capital de 120 millions, elle n'aura à subir qu'un léger abaissement dans la moyenne de ses produits qui résultera des 13 millions qu'elle devra placer à 4 1/2 en rente 3 0/0. Il est impossible de soutenir qu'un si mince préjudice soit de nature à entraver la création d'une si considérable société.

Mais il est essentiel d'observer, d'autre part, que le plus grand nombre des sociétés qui se forment n'appelle point le versement de la totalité du capital d'émission. En général, la moitié seulement de ce capital est versée à la caisse sociale. L'autre moitié passe à l'état de capital de garantie. Dès lors il devient évident que l'inconvénient qui consiste à faire verser par les actionnaires six dixièmes, au lieu de cinq dixièmes du capital souscrit, est d'un poids bien léger. Il faut donc tout naturellement conclure que, dans aucun cas, la mesure qui immobilisera chaque année en rente plus de 100 millions, n'aura pour effet de porter le moindre obstacle à la liberté et au développement des affaires. On ne doit pas oublier, d'ailleurs, que si nous avons signalé au nombre des mauvais moyens employés pour la hausse de la rente les mesures restrictives, dans le système que nous développons toute restriction à l'esprit d'entreprise disparaît. En effet, par cette combinaison, chaque affaire nouvelle devient un client de plus pour le 3 0/0, et la rente trouve un allié et une cause de hausse, partout où autrefois elle rencontrait un concurrent et une cause de baisse. N'est-ce point là une démonstration bien complète du côté vraiment libéral de cette mesure?

Il ne nous reste plus maintenant qu'une objection à examiner : c'est celle de la timidité et de l'inertie. Toutes les fois qu'il s'agit de rompre avec la routine, c'est peut-être la plus redoutable. Elle se résume dans cette phrase : Il ne faut pas s'occuper du cours de la rente, tout ce qu'on fera est inutile; le public achète le 3 0/0 quand il est bon marché, il le vend quand il est cher.

On peut d'abord répondre que le passé est là pour témoigner de l'impossibilité où se trouve un gouvernement d'assister en spectateur impassible à la baisse souvent irréfléchie, illégitime ou exagérée de son papier. Les efforts passés établissent pour l'avenir, comme un fait inévitable, l'intervention accidentelle de l'État sur le marché des fonds publics.

D'ailleurs, c'est dire une parole presque vide de sens que de parler de bon marché ou de cherté à propos de la rente. Le cours du 3 0/0, influencé dans certains cas par les événements politiques, s'établit en temps normal sous la loi de l'offre et de la demande. Or, par la mesure que nous sollicitons, on crée au 3 0/0 une clientèle qui n'offrira jamais, et qui demandera même à des cours que jusqu'ici le public adoptait comme des cours d'offre. Cette clientèle, assez riche pour considérer comme bon marché ce que de petits rentiers appelaient cher, aura d'autres capitaux assez rémunérateurs pour qu'un placement en rente, fût-ce à 3 0/0, ne fasse qu'abaisser insensiblement la moyenne de ses revenus. Elle achètera en tout temps, sans songer même au cours, elle rendra donc bientôt bon marché aux yeux de tous, ce qui aujourd'hui semble cher. Elle élèvera le niveau de la rente; en peu de temps même elle l'aura changé pour toujours.

Nous croyons cette réponse aux partisans de l'inertie, complète et irréfutable; et si, au début de l'Empire, la rente est partie de 82 francs pour arriver, sous une organisation nulle ou vicieuse, à se maintenir péniblement au cours de 68 francs, nous ne doutons pas que par le fait de l'organisation nouvelle, le 3 0/0 ne revienne bientôt à un cours qui sera l'expression du bien-être réel, de la prospérité croissante et inouïe dont la France est dotée.

En résumé, nous croyons avoir démontré que si nous n'avions pas, sur notre marché financier, les milliards de papier des gouvernements étrangers, les milliards d'actions et d'obligations de société industrielles, de chemins de fer français et étrangers; que si nous n'avions pas, sur ce même marché, les milliards de papiers créés pour les grandes associations financières, le 3 0/0, papier de l'État, sans concurrent comme papier de placement, serait incontestablement à un cours beaucoup plus élevé que le cours actuel. Nous croyons avoir également établi que si chacune des associations financières créées, chacune des grandes entreprises formées, chacun des emprunts étrangers émis, avait, depuis quinze ans, placé en 3 0/0 le dixième de son capital d'émission, la rente française, dans ce foyer d'activité et sous cette simple protection de concurrence, serait à un cours qu'elle n'a jamais atteint.

Nous en avons conclu pour l'avenir à la nécessité d'adopter une mesure qui assure à la rente une clientèle constante, sans limite comme nombre et comme capital, achetant sans esprit de revente, transformant sans cesse en inscriptions inaliénables les rares titres flottants de la place, et fusionnant tous les hommes d'affaires dans un intérêt commun, la hausse du 3 0/0.

Nous avons aussi évalué à plus de 100 millions la somme que chaque année cette nouvelle disposition législative ferait se convertir en inscriptions de rentes inaliénables, et nous avons démontré que ce résultat serait obtenu sans violence, sans empiètement sur la liberté des transactions ou le développement de l'esprit d'entreprise. Nous croyons enfin avoir prouvé que s'il est inutile désormais d'employer des moyens de surprise ou de restriction, le procédé que nous avons développé n'en assure pas moins la réalisation de ce grand intérêt politique et financier pour le gouvernement : la hausse de la rente, durable, progressive, et qu'on nous permette aussi d'ajouter avec une intime satisfaction, foncièrement honnête.

Ce sont ces diverses considérations qui nous ont enhardi à soumettre respectueusement au Sénat la présente pétition.

PARIS. — IMPRIMERIE CENTRALE DE NAPOLÉON CHAIX ET Cⁱᵉ, RUE-BERGÈRE, 20. — 8980